바다

낯선 방에서 창을 열면
바다가 한 줄
금빛 윤결 달아오른
눈부신 한 줄

2009. 가을.

불타는 기린

시작시인선 0116
불타는 기린

찍은날 | 2009년 10월 25일
펴낸날 | 2009년 10월 30일

지은이 | 강신애
펴낸이 | 김태석
펴낸곳 | (주)천년의시작
등록번호 | 제300-2006-9호
등록일자 | 2006년 1월 10일

주소 | (우110-034) 서울시 종로구 창성동 158-2 2층
전화 | 02-723-8668
팩스 | 02-723-8630
홈페이지 | www.poempoem.com
전자우편 | poemsijak@hanmail.net

ⓒ강신애, 2009, printed in Seoul, Korea

ISBN 978-89-6021-089-9 03810
   978-89-6021-069-1 (세트)

값 7,000원

*이 책 내용의 전부 또는 일부를 재사용하려면
 반드시 저작권자와 (주)천년의시작 양측의 동의를 받아야 합니다.

불타는 기린

강신애 시집

2009

■ 시인의 말

기린과 유리공
고도와 구두,
여물주머니를 쓴 말과
마른 풀을 나누어 씹으며 가자

거기, 가장 눈부신 한 줄
바다로
폭풍을 거슬러 거슬러

■ 차 례

I 파내온 나무그림자

바다 ──── 15
치파야족의 새잡기 ──── 16
성게 ──── 18
황금시대 ──── 20
암호를 잊어버렸다 ──── 21
파내온 나무그림자 ──── 22
나비 ──── 24
소 ──── 26
침묵의 유래 ──── 28
철의 요람 ──── 30
북경 자전거 ──── 32
여행의 추억 ──── 34
만년필 교환하기 ──── 36
우연 ──── 37
파문 ──── 38

II 모래 모래 모래······ 미래

유골 다이아몬드 —— 41

뱀 —— 42

저 성성이 —— 45

물의 말 —— 46

물의 살 —— 48

모래 모래 모래······ 미래 —— 50

말 —— 52

흰 선 —— 54

사이보그 : 사이보그 —— 56

Dead man —— 58

캥거루 —— 60

외발 곡예사 —— 62

환생 —— 63

수레바퀴 아래서 —— 64

악마의 눈 —— 65

III 불타는 기린

치즈 —— 69

불타는 기린 —— 70

검은 성모 —— 72

묶인 다리 —— 74

폐선 —— 76

파라솔 하나 —— 78

레오나르도 다 빈치 —— 80

인체 해부학 —— 82

악몽 —— 83

소리 없는 소리 —— 84

꽃 먹는 할머니 —— 86

꿈틀꿈틀, 유년의 벽 그림자 —— 88

38밀리 —— 89

숲의 퍼즐 —— 90

돌 속의 여자 —— 92

흘겨보기만 해도 —— 94

IV 사막에서 온 반지

안녕, 알래스카 ——— 97

골렘 ——— 100

거꾸로 ——— 103

사막에서 온 반지 ——— 104

하늘을 덮는 빵 ——— 106

포탄의 꿈 ——— 107

고도를 만나다 ——— 108

크리스마스는 우울하다 하지 않겠네 ——— 110

첫 아침 ——— 112

채집과 얼룩 ——— 114

8월 광장 ——— 116

506호 ——— 118

겹침 ——— 119

리본체조 선수 ——— 120

매향제 ——— 122

저녁의 가등 ——— 124

■ 해 설

사실과 환상의 긴장, 향수 제조자의 시 쓰기 | 박현수 ——— 125

I
파내온 나무그림자

바다

낯선 방에서 창을 열면

바다가 한 줄

금빛 숨결 달아오른

눈부신 한 줄

치파야족의 새잡기

치파야족은 잉카의 후예, 수천 년
양 끝에 돌을 매단 줄 하나로 새를 사냥한다

구름이 서리로 얼어붙는 안데스의 호숫가

숨죽여, 자세를 낮추고
새떼가 가장 낮게 나는 순간을 노려
단번에 줄을 던진다

줄은 매번 땅바닥에 풀썩, 떨어진다

던지고 줍고 던지고……
저 허름한, 가없는 하늘의 별따기

한 순간,

팽팽히 회전하며 날아간 줄이
휘휘
새의 몸을 옭아매 지상으로 끄집어내린다

달려들어 먹통이 끊어진 별에서
한 움큼씩 빛을 뜯어낸다, 배를 가르고 헤쳐 보면
태양과 맞먹은 산봉우리들이 끌려나온다

고원의 노을빛 붉은 내장이 끓는 시간,
검게 언 궁기 뜨겁게 움켜쥔 저 하늘 사냥꾼들

성게

바다를 처음 열었을 때
바닥에는 검은 성게들로 가득했다

기다려, 탄생의 밑바닥에서
신선한 젖을 퍼 올릴 때까지

빛의 격자 속을 흐르는 어족들의 노랫소리
구름 그림자를 풀어헤치는 해초들의 춤
부패를 모르는 영원을 가져가고 싶어

눈앞에 떠 있는
불가사리와 악수하려 해도
더디게 몸을 잡아끄는 이곳은
빈사의 중력이 지배하는 느린 반복의 세상

극피동물의 긴 가시가
해류를 당기며 모래알을 튕겨 올렸다

나는 성게 하나를 훔쳐왔다
책상 위에 올려놓자

홀쭉해져 죽음을 가장하고 있다

석회질 태양의 파편 한 끝을 건드리자
바퀴처럼 똑똑 구르기 시작했다

황금시대

 브라질 금광의 흑인 노예들은 미로처럼 뻗은 캄캄한 동굴 속에 들어가기 전 온몸에 기름을 발랐다고 한다 새벽부터 밤늦도록 1톤의 암반을 부수어 4그램의 금을 채취하는 몰래 땀칠 기름칠로 끈적한 온몸을 동굴 벽에 비벼 흙을 묻혀 돌아왔다고 한다 돌아와 몸을 씻어낸 물에서 불면 날아갈 듯 몇 낱의 금을 걸러냈다고 한다 몸수색과 참수의 공포에 가위눌리며 모은 금으로 노예성당을 지었다고 한다 멀리 도망치지 못하도록 더 먼 곳으로 금이 빠져나가지 못하도록 금광 주위 즐비한 성당에 자신들 황금의 살을 벗겨 찬란한 하느님의 성전을 보태었던 것!

암호를 잊어버렸다

내가 써 놓은 일기 속으로 들어갈 수 없다
'암호를 입력하시오'
텅 빈 케잌 상자 같은 컴퓨터 화면은
같은 말만 반복한다
새가 뇌 속으로 빨려 들어갔나!
날 받아주던 기호 하나가 흔적도 없이 사라졌다

사랑도 그대 내부 깊숙한 곳에서 새어나오는
내 목소리를 듣는 것
타인의 가슴에 쓰는 일기였다
그때, 그대의 닫힌 문을 열던 암호가 무엇이었는지
그대를 내게 집중시키던
상형문자가 무엇이었는지, 잊어버렸다
고백할 가슴도
암호가 되어 날아가던 기쁨도 사라졌다

수백 개의 태양이 져버린 화면을 끝없이 바라본다

파내온 나무그림자

그 나무는 브니엘교회 입구
가지밭 모퉁이에 서 있었다
먼 세상을 내다보는 자세로
산책에서 돌아오는 어느 날, 나는
꽃삽으로 나무 그림자를 들어내기 시작했다
토막 난 그림자를 날라
내 방에 장판처럼 드리웠다
어둔 물관으로 졸졸 물 흐르는 소리가 났다
이 가지에서 저 가지로 쪼그려 앉아 나는
습자지 같은 잎새에 혀를 대보거나 갈색 차를 마셨다
그림자는 조금씩 자라났다
가지밭 모퉁이 나무가 그러하듯
제 나무가 그리울 땐
시선을 옆구리 깊숙이 파묻거나
바람도 없는데 나를 떨어뜨릴 듯
가지를 흔들어대기도 했다
길모퉁이 나무는 없어진 제 그림자를 탓하듯
산책길의 내 어깨를 툭, 쳤다
나는 가만히 다가가 그 나무 밑에 서본다
그러면 가느다란 가지를 활갯짓하며

내 발치로 고속 촬영하듯 빠르게
나무 그림자가 생겨났다
가로등 환한 밤, 우리는 이렇게 만나곤 했다

나비

란 잎에 앉은 나비
파닥이는 꿈,
어느 대자연의 잉크에서 흘러
이 가느다란 풀끝에 나타났는지

네가 놓인 제단에
함부로 발 들여놓을 수 없다
훅 불어 날릴 수 없는 봉헌물이
내 앞에 화사한 무늬로 일렁인다

두 손가락으로 비벼 깨뜨리고 싶은
황금빛 가루를 뺨에 문지르고 싶은
위험한……
위험한 환상에의 골몰

나비가 날아간다
유유히
신의 목소매 속에서
매순간 절정뿐인 춤춘다

옷 속의 나비를 움켜쥔다

바르르 떠는
한 생각
한 생각,
접촉뿐이었던 나비

소

안개 속에서 검은 소를 만났다
구정물과 젖은 풀의 냄새를 풍기며 천천히
어디로 가는 중이었는지
나를 뚫어지게 쳐다보았다

나도 가만히 바라보았다
커다란 눈이 성스럽도록 멀었다
이상하게도 소의 등허리에는
내린 눈이 그대로 쌓여 있었다

춥지 않니?
눈을 털어주려 손을 올려놓았을 때
갑자기 고개를 돌려서
놀란 나는 뒷걸음질쳤다
소도 놀란 듯 했다

자동차도 뜸한 길가
안개의 발판마다
젖은 현의 선율이 튀어나왔다
뒤에서 희미한 울음소리를 들은 듯 했지만

더듬듯 계속 걸었다

돌아오는 길에
안개로 윤곽이 무너진 소를 만났다
흐린 등에는
내 손자국이 찍혀 있었다
무거운 마침표처럼,
소는 한발자국도 움직이지 않았던 것
누군가를 기다리듯 거기
우두커니

침묵의 유래

태양이 팔월의 가마에서 구워지고 있을 때
동물원 코끼리가 말을 하기 시작하였다
제 입에 코를 말아 넣고
사육사의 목소리를 흉내내기 시작했다
앉아, 누워, 발!
똑같은 자세로 똑같은 말만 듣던 코끼리
더 잘 앉고 더 잘 눕고
더 잘 관람객의 손에 발을 얹어놓기 위해
스스로에게 명령하듯
입 속으로 코를 흔들어
꾹꾹 공기방울을 눌렀다 터뜨렸다

사람들이 던진 새우깡과 말들, 쏟아지는
플래시 불빛에 아득하고 어지럽던 코끼리
먼 산 능선이 황홀한 사과빛으로 물들어갈 때까지
코끝 영혼으로
얼음보다 투명하고 향기보다 가벼운 공기를
섬세하게 해부하던 코끼리
어느 날, 홀연
야생코끼리의 우렁찬 트럼펫소리를 뽑고는

동물원 울타리를 부수고 뛰쳐나갔다

돛처럼 찢어진 귀를 펄럭이며
산 넘고 물 건너
두 발 짐승 네 발 짐승 물고기들을 불러 모아
귀와 입, 아가미의 여닫이로
공기조절비법을 전파하며 돌아다녔다
이로부터, 존재조차 몰랐던 공기의 조화에 놀란 뭇짐승
들이
휩쓸려 수군대며 깨우치더니 어느덧
인간의 발성과 주파수로
우주 가득 말을 방류하기 시작하였다
이에 놀라 말을 잃은
인간의 기나긴 침묵이 시작되었다

철의 요람

10층 사무실 한켠
비둘기가 철사 둥지를 틀었다

빌딩 너머 건설현장에서 한 가닥씩 물어 나른
철사줄 날카로운 끝은
알이 긁힐 새라
빠짐없이 낚싯바늘공법으로 오므려 놓았다

피맺힌 부리의 노동으로 꼬아 만든
가시 면류관

촘촘히 지른 대못 빗장, 번득이는 갈퀴는
내 가슴을 겨냥하고
소음을 애무하듯
말랑말랑 숨 쉬는 세 개의 알

풀이 없으면 철사로 철사가 없으면 유리로
유리가 없으면 스티로폼으로 둥지를 건축할 비둘기 부
부는 지금
빌딩 꼭대기,

회색 하늘망토에 죽지를 파묻고
가만히 알들을 굽어보고 있다

철골의 영혼이 스미는
도시의 광장과 자동차 숲과 아스팔트를 가로지르는
흰 알들의 꿈을

북경 자전거*

제 1의 아해가 바퀴를 빼앗고 달아나오

제 2의 아해가 소녀를 빼앗기고 달아나오

제 3의 아해가 햇빛을 부수며 쫓아오오

제 4의 아해가 우아한 자동차들의 미로 속을 쫓아오오

제5제6제제7제8제9제10의제11제12제13의아해가달아나오
제14제15제16제17제18제19제20제21제22의아해가쫓아오오
(무서운아해와무서워하는아해와그렇게뿐이모였소)

구르오 구르오 쫓기며 빛나는 은륜이

구르오 구르오 훔쳐도 빛나는 은륜이

도시의 모든 바퀴에는 피 냄새가 나오

피에 굶주린 태양이

정오의 광장을 가득 메운 바퀴들을 보고

웃고 있소, 웃고 있소

＊북경 자전거:왕 샤오슈아이 감독 영화

여행의 추억*

저 사과를 부수어 삼키던 입술은 어디로 갔나

주루루 모래가 쏟아질 듯한 술병을 기울여
한 잔의 술을 맛보았던가

책을 펼쳐
'기억은 깨진 제비꽃
깨져 위 아래
왼편 오른편으로 자라나는 종유석'
이런 문장을 읽었던가?

돌들의 중얼거림에 둘러싸여
시간이 사람보다 빨리 늙어가는 이곳에
다녀가긴 다녀갔던가

그림자만 흔들흔들……
숨결 박힌 화석과 줄넘기하고 있는

*여행의 추억:르네 마그리뜨 그림

만년필 교환하기

 십여 년 된 검푸른 파일롯트, 가끔 오래되었지만 예의를 갖춰 정장을 차려 입은 신사를 서랍 한 귀퉁이에서 불러내어 모자를 벗기고 뭉툭하나 결이 부드러운 머리로 절하듯 편지를 쓰곤 했지요 당신이 갖고 싶은 것은 낡음 속에 스민 저의 흔적임을 알아 망설이다 건네었어요

 당신이 주신 것은 독일제 몽블랑, 흰 산이란 뜻이지요 손아귀에 묵중하게 들어차는 까만 육체가 얼음처럼 반질반질한 이 단정한 신사에게 처음 피를 주입하는 순간, 창백한 내장이 차츰 불룩해올수록 제 혈관 속으로 알프스 최고봉의 차가운 공기가 휘돌아 흐르고 철렁, 몇 방울 떨림이 치마를 물들였어요

 아, 당신 이마에 어른어른하는 설산의 그림자나 입술의 소실점 끝에서 사라지는 미소의 여운마저 그려낼 수 있을 듯한 세필이로군요 만년설 가파른 비탈의 험난한 기류 같던 당신의 젊음도 화강암 같은 고집도 지금 하얀 종이 위 제 손끝에서 샛강이 되어 흐르고 있습니다

우연

나팔꽃의 꽃말을 잊어버렸다
거울이 미래의 감정을 보여준다
실종된 친구 승희가 떠오른다
작년의 번민을 오늘도 하고 있다
핸드폰에 낯선 안부가 찍힌다
20년 전 애인의 편지가 배달된다
이니셜과 함께 죽은 병사의 수통이 발견된다
무너진 건물의 잔해에서 보름 만에 구조된다
영감의 수수께끼,
필연의 부스러기이자 기적의 모태
권태의 하늘이 무담시 던지는 돌멩이
단단히 굳은 세계의 얼음판 위
기습적인
틈

파문

차랑,

핸드폰을 열면
호수에 드는
첫 물방울 소리 투명하다

마음의 파문이 그리워질 때
일없이 핸드폰을 여닫는다

차랑, 차랑, 차랑,……

물방울보다 더 물방울 같은
파문보다 더 파문 같은

침묵의, 고인 물로 가득한 내 몸속으로
돌을 던지듯
저 생생한 물무늬

II
모래 모래 모래…… 미래

유골 다이아몬드

한 줌 재가
삼천 도의 열과
넉 달 간의 압력만으로
이리 단단할 수는 없습니다

살아
당신을 향한 몽상으로
피를 몰아가지 않았던들
이리 빛날 수는 없습니다

무너진 빌딩 위로 날려 보낸
청춘의 희, 푸른 새떼들

무명지
전율의 모퉁이에서
매순 깨어나는 찬란한 사리알들……

뱀

우기의 먼 곳에서 만났지
한 사내의 단단한 손아귀에 목이 잡혀 있는 뱀을

역질과 기근의 땅에 몸을 바꾼 부처로
이승과 저승의 전령으로
늪지대의 부족
식충식물의 독아(毒牙)
곧추선 체위로 에너지의 생생한 흐름을 상징하던 뱀이
맹독을 품고도 초라한 몰골로 축 늘어져 있다니!

벗어버린 허물과
달빛 망으로 출몰하던 밤과 이슬 속
긴 배를 끌고 네가 지나온 갈대숲과 표시판
버려진 차들과 썩은 감귤 틈을 나는 알고 있지

그때 사내가 말했어
뱀을 만져보라고
나는 망설였어, 내 뇌 속에 똬리 튼 금기 중의 하나는
뱀을 멀리하라는 것이었기에
그러나 뱀을 만나

실과의 단맛에 눈이 밝아진 이브처럼
네가 모르는 새로운 세계를 맛보라고
어디선가 소리가 들려왔지

나는 용기를 내어 걸어갔어
허연 뱃가죽, 날름거리는 혀를 보며
주저했지 한참을
그리고 만졌어, 뱀을

오, 아가의 피부가
비릿하게 뜬 장미꽃 심장이
그리 보드라울까

얼마나 오래 거친 땅을 헤치고 다니며
얼마나 많은 기둥을 휘감고 오르내리며
황홀한 꿈을 꾸었기에

뱀의 살에 닿은 순간
나의 탄성이 뱀의 몸속으로 박혀 갔어

어떤 회귀를 견디고 있는 듯
뱀은 둘러선 사람들 향해 입을 벌리고 있을 뿐

저 성성이

 정해진 시간에 정해진 식사를 포기하는 일의 어려움, 핏속에 야릇한 충동을 불러일으키던 바나나향 체취와 멀어지는 일의 어려움, 저 이물(異物)도 이별 앞에선 주저하여 사육사의 채근에 떼밀려 숲으로 두 번 뒤돌아보고 첫 걸음을 뗀다, 나무에 손을 대자 초록 엘리베이터가 스르르 까마득한 높이로 커다란 덩어리를 실어간다, 나무는 우리의 노상, 난간을 할강하고 격자창 옆구리에 물구나무 서고 붉은 열매 마른장마와 숨바꼭질 하는 동안 흰 거품으로 머리를 감겨주던 겨드랑이를 간질이던 사육사의 체취는 아득해졌는지, 비오면 머리에 쓴 한 장의 활엽 아래 드러난 얼굴, 파란 우산을 사주고 싶은 얼굴

물의 말

한 줌의 물에 말한다
공전하는 별, 찬란한
은세공 결정을 품은 너는 누구?

―― 나는 파동, 혹은 시선
들어오진 못하지만 느껴봐
네 몸 속에서 자라나는 은맥을

네가 저 먼 우주 끝에서 날아왔다니
심연의 냄새, 순간의 기화, 오 믿을 수 없는

―― 금성과 천왕성, 행성들의 팽팽한 윤무를 뚫고 나는
왔다
사막을 지나고 대양에서 떨어져 나와
비릿한 모래를 삼켰지

네 순환의 습관은 언제부터?

―― 바위 속에서 움튼 시간이 최초의 햇빛을 받은 순간
부터

구름에서 비로, 백일홍에서 이끼에 덮인 석탑으로
아니, 나도 몰라
누가 나를 이끌어 눈송이 뿌리에 닿게 하는지
어떤 상상력이 꽃에서 타는 운석을 보게 하는지

섬세한 영혼이여, 너는 도대체 누구?

── 네가 느릅나무를 꿈꾸면 나는 느릅나무가 되고
네가 붉은 달을 꿈꾸면 나는 붉은 달이 되지
나는 물도 불도 아니야
다만, 목마른 너

물의 살

네가 심연을 뚫고
한 줌의 손에 당도한 것은

보기 위해서,
보아주는 눈이 필요했기 때문

냉담한 척
손가락 새로 빠져나가더니

딱하군, 하며
가만히 고여 있다

어느 혹성에서
연민의 힘살을 키웠는지

재빨리
한 모금 삼킨다

뽀한
소용돌이를 일으키며

내 깊은 곳에서
마음을 만들어내는 살

모래 모래 모래…… 미래

고비, 뜬 모래의 나라

백악질의 지층을 파헤치자
타르보사우루스의 이빨 한 조각이 발굴된다
화석은 혀에 붙어요
달게 입에 넣어보는 사내

1억 년 전, 알알한 맛

모래의 맛과 점성과 다른
이족보행의 생명체는
장구한 무덤 속에서 제 입 냄새를 남겼다

그 옆에, 목이 떨어진
갑옷 공룡을 발견하고 환호하는 사람들

불구의 공룡이
목 언저리를 훔치며 중얼거린다

나를 일으켜줘

모래 속에 휘묻이한 진화의 속치마를 슬쩍 들추어줄 듯
기우뚱, 등뼈를 튼다

거대한 석회반죽 깁스를 한 백악기와 21세기가
한 트럭에서 털털거린다

폭풍 속 사막은
헤아릴 수 없는 뼈들을 혀에 붙이고
부글부글 가라앉았다간 솟아오른다

모래 모래 모래 모래 모래…… 미래가 뜬다

말

하얗게 삭아 부스러지는 바다 속
어디서 왔는지
흰 말이 나타났다
운명의 꼬리뼈처럼
붉고 푸른 네온을 두른 수레에
카우보이모자 쓴 작은 사내를 태우고
행락객도 뜸한 계절, 상인들은
텅 빈 백사장의 적막을 깨듯 펑펑 폭죽을 터뜨렸다
슬픔과 괴로움의 그을음을 경쟁적으로 날려보내며
허공 높이 사라지는 환영들

손님을 태워
해변을 한 바퀴 도는 것이 말의 직업
몇 사람이 신비한 듯 말 주위로 모이고
절뚝거리는, 사시(斜視)인 마부는
빨간 대야에 물을 붓고
말에게 물을 먹였다
그리곤 커다란 마스크처럼
머리에 여물주머니를 씌워주었다
더러운 주머니 속에서

마른 잎을 씹는 말의 입이 조용히 움직였다
흑운모 빛깔의 눈동자를 덮은 속눈썹이 희었다

연인 한 쌍이 다가오고 잠시 후
사내는 말의 얼굴에서 휙, 여물주머니를 벗겨냈다
연인이 즐거운 듯 마차에 올랐다
요란스런 화약연기 어지러운 획들이 밤하늘을 가위질하고
흐려진 행궁(行宮)의 기억을 묻듯
높이 들린 말의 머리,
이슬에 젖은 갈기가 반짝였다
마부의 회초리가 말의 등줄기를 때렸다
물의 푸른 융단이 깔리고
거품을 문 바다의 혀가 말발굽을 핥으며
빠르게 패이는 말의 발자국을 지워갔다

흰 선

1
왼쪽 뺨을 바닥에 대고
오른 팔을 왼 팔에 겹치고
쭉 뻗은 다리의 굴곡을 적당히 뭉뚱그린 채

길 위에
온몸을 던져 그린 마지막 그림

2
엎질러진 질주처럼
무슨 생각에 잠긴 얼룩처럼

"이틀 전의 접촉사고였지?"

3
아직 체온이 식지 않은 폐곡선 내부를
꼭꼭 밟고 달리는 바퀴들 발자국들

4
농익은 바나나, 딸기를 가득 실은
트럭이 서 있다
피 묻은 손가락 근처, 황홀한 냄새

스프레이 자국이 남아 있는 한 그의 사라짐은 미결이다

5
창가에서 내다보면
그날 귀청 찢는 소리가 들린다

그 속에 발 디딜까 에돌아간다

6
비명을 가둔 흰 페인트가 닳고 있다

사이보그 : 사이보그

봉긋한 젖가슴 아래
치렁한 탯줄 전선이 컴퓨터에 연결된 사이보그
그녀에게 말 걸어본다

인간이 되면 무얼 하고 싶니?
— 속여보고 싶고 비를 맞고 싶고 꿈을 꾸고 싶고……

얼키설키 쇳조각 내장이 아파 보여
— 이게 나예요

해체가 두렵지 않니?
— 죽음에 대해선 프로그램 되어 있지 않아요
곧 업그레이드 시키겠어요

말하는 근육이 달린
실리콘 분홍 입술로
또박또박

대화는 대화지
모니터에 입력한 말이 뜨는 순간

나는 기계가 되고,
내 말을 이해한 순간
기계는 인간이 되는 거지
곤란한 질문엔 발뺌도 할 줄 아는

(그녀는 게릴라이다
마음과 형상의 호두껍데기를 술렁이게 하는)

안녕!
로그아웃을 하자
그녀는 사방 막힌 벽에
자기 얼굴이 기억나지 않는 표정으로
어색하게, 뾰로통 서 있다

Dead man[*]
— 두 겹의 꽃

네 안에 이름이 있다
네 이름은 너의 이야기

함구한 시체들
인육을 먹는 청부업자의 숲

가슴에 박힌 총알
후비듯

네 이름을 꺼내준
노바디

피로
몽롱한 두 뺨에

쌍둥이
번개를 그려준 친구

구름과 숨바꼭질 하다
달 뜨면 배고픈

너의 낭만은 지치고
너의 경전은 어디에?

앞서간 죽음 뒤쫓아
망망대해 카누 타고 가는

총잡이
나무
물고기

영혼을 꺼내준

윌리엄 블레이크 웅덩이에 빠졌네
노바디 전설에 빠졌네

피크닉의 꽃처럼
나는 바다를 바라보네

＊Dead man : 짐 자무시 감독 영화

캥거루

거리, 호숫가를
펄쩍펄쩍
뛰던 캥거루
몰래 목초지에서
풀똥을 누다
효자손 육포 지갑이 된
캥거루는 일설,
원주민 말로
모른다는 뜻
안락사도
영토분쟁도 몰라
다만 건기의
목이 타들어가는
캥거루는
눈이 까맣고
귀가 쫑긋,
서 있으면
큰 주머니 달린
스웨터 입은 사람 같아
그럼, 캥거루의 시체를

끌고 가는 캥거루는
제 무덤을 끌고 가는 사람,
눈이 까맣고
귀가 작은
눈먼 캥거루

외발 곡예사

아랫도리를 쭉 뻗어 올리자
허공의 살이 뭉텅 베어 먹은 다리 한쪽 세밀한 떨림이
객석으로 공명한다
팬지꽃빛 별들이 터지고

주렁주렁 링을 뚫고 나가는 나비
장대에 매달려 캄캄한 궁륭으로 사라지는 나비
하체 하나를 지워 온몸 지우는 법을 알아버린 나비

줄 위의 양초인 듯
허공중의 착지인 듯
빙빙 공중그네 돌다 거꾸로 수행중인 흰 타이즈

없는 발이 나누어 놓은 중심이 어디쯤 쏠렸을까
호기심 어린 눈들에게
꼿꼿한 허리로
아름다운 실족(失足)을 싱싱하게 들어 올리고 있다

환생

라마의 환생을 선포하는 날
한 살 스승이
사원 가득한 사람들
흰 빛 까닥을 목에 걸어주며
차례로 축복할 때
탄생과 죽음에의 맞물림에
감격하여 엎드린
티벳의 저 오래된 얼굴들
가난한,
저 빈틈없는 믿음이
선물한 장난감을 움켜쥐려
애쓰는 아기를
환생한 라마승으로 키워가는 것 아닐까
해도
분명한 환생!

수레바퀴 아래서

수레바퀴 아래서 나왔지
수레바퀴 아래서 식은땀을 흘렸지
수레바퀴 아래서 모래의 시를 썼지
수레바퀴 아래서 지폐의 촉수는 길어졌지
수레바퀴 아래서 별들을 휘저었지
수레바퀴 아래서 유월의 잎이 내 앞에 푸르르 쏟아졌지
수레바퀴 아래서 악몽에 쫓겼지
수레바퀴 아래서 풀을 씹어 먹었지
수레바퀴 아래서 가물었지
수레바퀴 아래서 소멸은 아름다웠지
수레바퀴 아래서 소곤거리는 소리를 들었지
수레바퀴 아래서 비 냄새 석양 냄새에 마음 설렜지
수레바퀴 아래서 물이 되었지
수레바퀴 아래서 돌을 뚫고 나왔지

악마의 눈
— 달의 뒤

날아온 별똥돌로 파헤쳐진
보이지 않는 분화구
영하, 고요의 극점
달의 비애가 만들어지는 장소다
인간의 운명을 조롱하듯 커튼을 훑으며
희미한 무기질의 혓바닥이 밀려들고
흔들리는 유리창……

달의 뒤에서 잠들고
고동치는 내 맥박소리를 듣고 깨어났다

III
불타는 기린

치즈

  치즈에 포섭된 미뢰들이 일제히 발기한다 흥건한 침으로 물러진 이빨은 혀를 깨물 수도 없다 부양(浮揚)하는 바다 조여오는 물풀, 해변에 누운 시계는 녹아내리는 치즈였다 그도 치즈광(狂)이었다니! 목구멍 높은 데서 떨어지는 고소한 발효의 냄새 굶은 내부를 적셔오는 노른노른한 이 은밀……도망쳐야 한다 끈적한 치즈에 온몸이 녹기 전에 달 회색 공이 사계절의 나무를 길게 쓰러뜨리기 전에 벽을 뚫고 향긋한 초침이 속삭이며 다가온다

불타는 기린*

휘갈긴 꿈
하얀 연기 피어오르는 기린
빙 먼 길 돌아
병원 가건물 같은 여인,
왼쪽 무릎에서 허벅지까지
꿰뚫고 나온 일곱 개의 서랍을
계단처럼 밟고 오른다
온 세상의 신음이 몰려오듯 두 팔을 뻗친 그녀
기린은
완강히 유방을 파헤치고 나온

더 큰 서랍 속으로 들어간다
쪽빛 피가 담긴 서랍을 닫는 순간
확, 불붙는 횡경막
──여자를 불태우면 내가 형체를 가지리라

녹아내린 살과 뼈 서랍 속에서
기린 하나
긴 목을 빛내며 걸어 나온다

*불타는 기린:살바도르 달리 그림

검은 성모*

엄마의 냄새가 참 좋습니다

아프리카의 젖
아프리카의 불
코끼리 똥이 유방인 엄마

탱탱 성령처럼 거느린 성기들로
짐승들과 아이들을 낳아 기르는 당신
불장난을 가르친 적 없는 당신

누런 태양과 붉은 태양은 각자의 방식으로
고결과 불결은 각자의 욕망으로
종족 보존과 신성 모독은 각자의 계율로 불타오릅니다

네 발 짐승 두 발 짐승을 불러 모아
엄마의 월경(月經)이 담긴 욕조에서
깨끗하게 머리를 감겨주세요

이웃들 머리칼마다 보랏빛 노란빛 꽃이 피어납니다

그리운 엄마, 우리는 모두
삐뚤어진 신념으로 채워져 있음을 가르쳐주신 당신

*검은 성모:나이지리아 출신의 화가, 크리스 오필리 작품 〈The Holy Virgin Mary〉
(1996)

묶인 다리

> 일 년에 2백만, 하루에 6천 명의 소녀들이 '순결한 몸'으로 시집갈 준비를 하느라 아직 성기도 되지 않은 여린 살점들이 녹슨 칼끝에 난자당한다.

이 붉은 살점은
치타처럼 나무를 오르고 낙타 젖을 빨던
작은 소녀의 은밀한 고동

이동하는 모래 언덕의 밤을 위하여
스테이크처럼 썰리고
두 다리 사이
피의 지퍼를 채운
사막의 사리 같은 아이의 영혼이
흰 시트 모래 속 선혈로 스민다

황금장미는 짓이겨졌다
상처 틈으로 마른 절규가 끊임없이 채워진다

희박한 안개
입을 다문 돌산
죄를 봉합하듯 아랫도리를 묶는다

문맹의 속죄자여,
너는 성냥황만 한 구멍으로 세상을 들여다보겠지

들여다볼 뿐 타오를 수 없으리

영문 모르게 생의 감각을 밀봉당한
피의 의식으로
가파른 어둠이 끈적거린다

바위 위에 던져놓은
부패하기 시작하는 피돌기

독수리가 뜨고
하이에나가 어슬렁거린다

폐선
— 치타공의 노래

저 고래무덤을 해체하라
수십 톤의 철판을 절단하라
용골을 곱게 빻아 먹어라
이는 바다의 살과 피니
그가 돌아다닌 숱한 항구의 뭍 내음을
그리워하는 좌현을
화려한 접시와 요리를 기억하는
샹들리에를 뜯어내어
가난한 자들에게 나누어주어라
검붉은 진액이 되어 흐르는
허무의 편력을
솎아진 몸을 해안선에 걸치고
찌그러진 창자 속 폐유를
남김없이 거두어라

제물을 바쳐라
쇳가루 섞인 육식을 즐기는 그에게
알몸으로 경배하라
그 외에 다른 신을 섬기는 자
허공에 붕 떠 질흙에 처박히리라

그를 능멸하는 자
바다에 처넣어지리라

피 흐르는 뼈
쇳조각이 맨살 깊숙이 파고들어도 묵묵히
쇳덩이를 나르고
쇠줄을 끄는 사람들

한 점 살도 남김없이 해체된 고래 앞에서
침묵의 노래를 부르는 사람들
쇠가 고파,
쇳가루 박힌 주름투성이 눈가에
쇳물을 흘리는 사람들 순간,

고래가 들어온다!

외침에
일제히 끌려가는 자석들

파라솔 하나

금빛 모래 위 몸 그을리다가
파도와 희롱하다가
바다에게 내쫓겨 구르는 벌거숭이들

방파제가 갈라진 틈으로 빨려 들어가고
호텔과 가게,
나무에 매달린 아이를
수직으로 솟구쳐 떼어 들어가는 물갈퀴

구약이 지난 지 언제인데
노아의 홍수인가

(코끼리만 따르면 구원을 얻으리라)

인도지각이 아시아지각을 밀어올린 건지
아시아지각이 인도지각을 밀어올린 건지

하늘을 휘젓고
산호를 휘저은
초록 풍경의 지각생들에게

바다가 벌떡 일어나 물 주먹을 먹인 건지

도망치는 것이 아니라
인간이 해일을 당기고 있는 것이다

바다가 거꾸로 흘러
흐린 지구 해변을 장기(臟器)처럼 싸버린 후,
시체를 뜯어먹고 뚱뚱해진 물고기들은
형형색색 아름다워라
투명해진 물빛이 고요해라

광활한 판자더미
비치파라솔 하나

레오나르도 다 빈치

새와 인간의 비행에서 공중나사까지

초월의 발명가 흩어진 메모와 드로잉 조각들 속 건져 올린 힌트로

우주로 날아간 탐사선 마스 익스프레스호가 오늘

화성 협곡의 얼음 언 흔적을 지구로 찍어 보냈다

평생, 엄마와 종이가 부족했던 남자

촛불 속에 홀로 인간의 영혼을 만져보려던 헛수고로

우린 예술적인 해골과 바늘처럼 정교한 신경줄기를 갖게 되었지

일생 찾아 헤맨 우주의 비밀을

모나리자의 사풋 기운 빛의 잔(盞), 입술 끝에 감춰두었다네

나는 물을 보네, 대홍수 스케치가 빨아먹는

15세기의 산과 논밭과 사람들 아우성을

물을 얼러 요람에 잠재우려던 그의 노트와 상념을 적시고

물은 내 육신 속으로 솟구치네

물결 속에 레오나르도의 감미로운 슬픔이 밀려올라오네

정열의 끝 간 데 없는 한 마디도

'나는 계속하리라'

인체해부학

물
용수철
삭은 막대기
끈적한 실리콘
붉고 푸른 헝겊
뽀글거리는 거품
토마토즙 80% 포도즙 20%
타르를 묻힌 고무덩이
뻥 뚫린 플라스틱
너덜너덜한 비닐
누런 기름
돌

착착 접히고 구불구불 구부리고 매끈매끈 미끄러지고
푸푸 뿜어대고 만수산 칡뿌리로 얼키설키
눕고 앉고 걷고 달리고 숨 쉬고 삼키고 뱉고 빨고 헐떡이는
(가상현실을 꿈꾸는 자가 프로그래밍 컴퓨터가 내장된)
진품,
이 육체가 바로
영혼

악몽

칠흑 어둠에 짓눌린 어머니 비명, 어수룩한 잠을 떨치고 일어난다 불을 켠다 냉장고 싱크대 밥솥 관음죽을 지난다 방문을 연다 도리천에서 아수라 지옥으로 이어진 복도만큼 거리가, 한없이, 멀다 땀 흠뻑 젖은 어머니를 조심스레……마구 흔든다 어떤 악귀가 어머니를 지하에 땅땅 말뚝 박아넣었나 뿌리가 천 갈래 만 갈래다 힘껏 뽑아 올리자 우수수 흙을 떨군다 어머니, 훌쩍이며 구멍 난 빨래 같은 숨을 쉰다 살살 가슴을 쓸어드리자 실뿌리가 곰실곰실 내 발바닥을 파고든다 질긴 뿌리를 끌고 돌아온다 불을 끈다

*

칠흑 어둠에 짓눌린……

소리 없는 소리

샘이 울고
라듐이 팽창한다
벌들이 벌집을 버리고
심해의 뱀장어가 떠오른다

사람들 머리 위로
건반의 영원한 선율이 쏟아지기 전
꿈속에서 나는
젤리를 먹었다
꾸역꾸역
젤리가 목을 막아
컥, 컥, 컥,
토해도 토해지지 않는 관습을
숨 막히다 깨어났다

암반이 터지고
하늘이 두 동강 나는 것을
검은 비닐봉지의
어둠 속으로 입회하게 됨을
준비하라는 듯

어딘가에서
소리 없는 소리로
형태 없는 형태로
알려주었다

꽃 먹는 할머니

서른에 홀로 된 외할머니
호롱불 켠 밥상 앞 기도는 길어
할머니 거인 같은 그림자가 천장 가득 일렁이며
금세라도 나를 덮칠 듯 해

무서워요 할머니,
두 눈 부릅뜬 사천왕 보다 무서워요
푹 고개 숙이고 상상마저 꼭 감고
불꽃 기척 같은 할머니 성호 긋는 소리에 귀 기울였지

할머니 숟가락을 드시네
거대한 입 속으로 일곱 살 어린 나를 퍼 담네

(동굴 같은 방,
그림자는 할머니 비녀 위에서 널을 뛰고)

어느 아침 선인장에
몇 년 만에 핀 꽃 한 송이
──얼마나 이쁘냐

더듬듯 사르듯 들여다보시더니
언덕 위 예배당에서 예수의 살인 떡 받아먹듯
똑, 따먹으시더니

나 지금 캄캄한 뱃속을 흘러 흘러가네
무명 저고리 검정 치마 가르마 고운 마리아 피 속으로 스며
천 년 만 년 살고 싶은 흰 꽃이 되어

꿈틀꿈틀, 유년의 벽 그림자

 종일 땀을 경작하고 돌아온 외할머니 고단한 코를 고시면 장롱만한 괘종시계 초침에 붙들린 방은 떴다 가라앉았다 대앵대앵 열 점을 치면 먼 산 능선과 물안개가 껴안으며 내는 여우울음소리, 바람에 나부대는 호롱불 심지 따라 콩나물시루며 고구마자루 못에 걸린 옷가지가 벽에 귀신 형용으로 꿈틀꿈틀……나는 무서움을 잊기 위해 손 그림자로 늑대와 공주 호박마차를 굴리며 놀다 마술램프 속으로 감쪽같이 거두어들이곤 잠들었지

 아침이면 동화 속 인물들이 벽지에 흐린 빛깔로 남아 있어 온 힘을 다해 습기에 찬 마지막 몸짓을 하고 있네 나는 유년의 램프 속으로 미처 불러들이지 못한 난쟁이, 아직 벽 그림자놀이를 하고 있는

38밀리

매미는 단백질이 부족해서 우나

소리에서 침묵으로 석회가루를 날려보내는 어머니의 하루를
알콜 솜으로 닦아내고
잠자리 날개 한번 건드리는 것도 무섭던 내가
피가 도는 살을 딴다

어머니 칼을 받으세요

잠의 목구멍에 혀가 접히거나
설목(雪木)처럼 뚝 꺾여
병든 새벽을 질주하는 119의 마리아

빛나는 금속 끝에 대롱대롱 매달린 당신 오늘 목숨의 양은
인슐린 38밀리

어머니 피 속 자욱한 안개와 매미들
냉장 보관되어 싱싱한 생선이 삼켜버리면
잠깐 새 어머니, 아침을 질투하기도 하였네

숲의 퍼즐

짐승의 발자국만 찾아다니는 사냥꾼처럼
나는 숲을 추적한다
미로와 덫이 전부인 숲은
좀체 모습을 드러내지 않는다
눈 희끗한 새벽
어지러운 짐승 발자국 속에 섞인, 숲의
그 야수의 눈빛과 맞부딪쳤다
침묵이 고통스레 녹아 있는 두 눈이 나를 바라보더니
곧바로 등 돌리고 다른 길로 뛰어갔다
종횡무진 뻗어 나간 발자국의 횡포……
하나의 발자국을 찾으면 그 끝이
여우나 고라니의 발자국과 이어졌다

멈춰 서!
무릎은 까지고 신발은 해졌어

머뭇머뭇 같은 자릴 맴돌자 멀리서 숲이 돌아섰다
그때 새가 푸드덕거리도록
크고, 짧은, 웃음소리

울림의 끝이 천천히 닫히고
나는 나뭇가지들의 터널 속을 헤엄친다

돌 속의 여자

―날 꺼내줘

순간, 나는 깜깜해진다

―이 돌의 심줄을 끊어줘
돌의 갑옷, 돌의 창살을

널 꺼내주고 싶어
무(無)의 전투에서 풀려나
목소리와
아름다운 두 다리가 나타나기를, 그러나

―빠져나올 수 없다면 머리를 밀어 넣어,
흔적 없음으로 나를 감동시켜야 해

스민 눈물이 번진
돌 속에 머리를 잠그고 여자는 몸부림친다
빗장뼈 저쪽
희미한 영혼의 밑그림이 보인다

뒷걸음치다 뒷걸음치다
나는 인파에 섞인다
사람들 몸 하나하나 박힌 돌이 보인다

흘겨보기만 해도

  오년, 눈 비 바람에 삭고 진이 다 빠져야 맑은 소리가 난다는 오동나무 속을 헤매다닌다 '한 마리 벌레만 있어도 일 년 안에 다 갉아먹고 말아요' 홧홧한 등 오그리고 땀 흘리는 악기장 인두질 피해 멀리 달아난다 아직 출토되지 않은 파도와 천둥, 수수러지는 달빛 소리가 나무의 풍상과 불길 지나간 틈마다 신비하게 고여 있는 다섯 자 다섯 치 거문고 속살, 쇠 불에 그을리지도 대패에 밀리지도 않고 두억시니처럼 내가 파먹은 어스름 벌판 어스름 성에 몇 킬로그램일까……더 이상 파먹을 그 무엇도 남아 있지 않을 때 눈부신 길 위에 선다 흘겨보기만 해도 부서질 듯한 나무에서 수천 갈래 바람소리가 난다

IV
사막에서 온 반지

안녕, 알래스카

곰을 무서워하는 여자와
알래스카에 갔지
구름 드리운 봉우리의 적막과
푸른 비단을 펼쳐놓은 호수 위를 날아

안녕,
오늘은 여자 친구를 데려왔어
햇빛 남실거리는 물가
연어를 기다리는 곰들에게 인사를 건넸지

곰은 교미를 위해
수유중인 새끼를 죽인다지만
수년 째, 사라져가는 너희를 지키는 내가
거슬리진 않겠지

귀여운 너희 생을 기록하려
핀잔뿐인 정부와
공원관리자들과 싸우는 내게
어서 오란 한마디 해주런?

돌아선 순간,
어느새 다가온 곰이
내 머리를 후려쳤어

도망가! 도망가! 에이미
나를 처음 본다는 듯 갈비뼈를 꺾었어
저리가! 저리가!
에이미는 울부짖었지

곰은 그녀와 나를 먹었어
우리는 뭉개져 하나가 되었지

저기 떨어진 내 팔 하나,
비명이 새겨진 녹음기는 헛되이 돌고
뒤로 걷다 예감처럼 당도한 곳

이 야생의 피를 찍어
여기 살아있는 곰의 뱃속에
내 마지막 기록을 남겨

자줏빛 어둠, 끓는 마그마 속 같은 커다란 몸만큼
무심한 곰을 사랑했다고

에이미 에이미
너는 나를 버리고 싶었지만

팔뚝에 채워진 시계는 째깍째깍……

골렘

흐린 오후, 책방 문을 열자
베어진 나무들의 망령이
쌓아놓은 책 틈을 날아 휙휙 귀를 스친다
골렘 있어요?
홀로 바둑을 두던 사내 고개를 젓는다

숱한 염문으로
일찌감치 생이 시들해져버린 이 책의 저자는
머리에 권총을 겨눈 찰나
현관 문틈의 전단 한 장,
신비에의 초대에 신들린 듯 빠져들었지

창조주 랍비로부터 도망친
전설 속 진흙 인간을 찾아 나서면서
별의 힘을 이식하고
하루하루 골렘에 가까워질수록
한 꺼풀씩 벗겨지는 영혼을 그도 느꼈을까

나도 이 비좁은 서점 골목에 들어서면
어느 모퉁이 서가 구석

거미줄 치르르한 다락방에서
먼지 덮인 책을 뒤적이며 두 눈을 빛내고 있을
도플갱어의 예감에 사로잡히지

제자리걸음하듯
다음 그 다음 집에서도 골렘은 없다고 하는군
신의 예정된 실수,
되다만 인간 나의 골렘도
책의 낱장을 뜯어 씹으며
수백 년 인간의 앎의 욕망을 흉내 내다 뚱뚱해져
이젠 작아진 문으로 나올 수도 없게 된 것일까

어디에 숨은 거지 그는?

질척이는 길
책 수레를 끄는 점원들과 팔을 부딪치며
체념으로 피로해질 때
어느 서점 자물쇠 채워진 시공간이 툭, 열리고
골렘이 나타난다면
놀라 쓰러지겠지

골렘이 먹어도 먹어도 배부르지 않는 책을 불사르고
이빨 안쪽의 부적,
무한을 부여받은 저주스러운 생의 징표를
빗자루 같은 몸뚱이와 함께 화염 속에 던져버린다면
나도 불태워지리라
덜컹거리는 수레가 불꽃 일렁임을 밟고 가리라

구줄구줄한 미로 속
밑도 끝도 없는 생각에 빠져
길 끝에서 다시 길을 거슬러 오른다

거꾸로

지하철 입구, 취한 사내
에스컬레이터를 탄다, 거꾸로 탄다
한 발 앞으로 내디디면
한 발 뒤로 밀려나고
내려가려 안간힘 쓸수록
어찔어찔 밀려오는 계단
만유인력의 질흙이 붙잡고 늘어지는 신발
취기를 잡고 놓아주지 않는 끈끈이
줄줄 밀려오는 회색의 파도를 헤치고
앞으로 나아가야만 한다는 듯이
정말이지 그래야만 한다는 듯이
비오는 밤, 늙은 사내
첨벙첨벙 바다를 매질하고 있네

사막에서 온 반지

감옥 속 벌어진 장
아무것도 없어도 팔 것은 있다
누구는 멈춰버린 시간을
누구는 땀과 모래알 섞인 신발을
누구는 비 오는 스텝의 꿈이 서린 기형의 링을……

작열하는 사막의 노래 한 소절을 지불하고
이 돌멩이에 알라를 새겨 넣은
하미드 알 묵타르[*]

녹슨 은고리 틈새로
침묵과 먼지 속 소란을 들여다보다가
피로 쓴 낙서,
지린 오줌으로 얼룩진 시멘트벽이 닥쳐오면
기도의 입맞춤을 했으리

페르시아 왕궁의 돔 같은
보라색 알 속에는
나뒹구는 주검과 무너진 성탑,
불탄 대추야자나무를 덮는 포연 속을 돌아다니는

그 마른 어깨와 퀭한 눈이 보인다

하늘과 땅의 감옥에서 와서
하늘과 땅의 감옥으로 세금을 내러 돌아간 그

지금 그것은
타자를 치는 내 왼쪽 손가락에 끼어 있다
조금 헐렁하게

생도 죽음도
조금 헐렁하게

＊하미드 알 묵타르:이라크의 시인, 소설가. 후세인 치하에서 8년 형을 선고받고 3년 6개월 복역했다. 2004년 7월 제1회 아시아 청년작가 워크숍 참석차 한국을 방문했다. 마지막 행사의 뒤풀이 자리에 그는 선뜻 자신이 끼고 있던 반지를 필자에게 건네주었다

하늘을 덮는 빵

빵 요리사가 있었어
한번 맛을 본 사람은 결코 잊을 수 없는
반죽의 달인, 미각의 천재
불과 밀가루를 갖다 바치는 사람들에겐
한 귀퉁이를 조금 뜯어 주고
제가 만든 빵 맛에 길들여지도록
하늘 높은 곳에서
빵가루를 날려주었지
그러나 재료를 감추거나
저희들끼리 몰래 만들어 먹다 들키면
빵 속에 감춘 폭탄을 던졌대
대지의 안쪽에
버터처럼 흐물 녹아버린 마을이 있대
남은 한 포기 풀도
남은 한 마리 새도
뚫린 두개골의 외침을 기억한다지
빵이 있었어
화약 냄새 섞인 속을 맛있는 척 씹어야하는
세상의 모든 빵을 다 삼켜버리는 빵
점점 커져 하늘을 가리는 빵

포탄의 꿈

초속으로 날아간다
중천에 뜬 꽃의 소각장 아래 악의 광장으로

조준한 손은 내가 아니고
발사 명령도 나와 무관하다

주입한 살기에 코끝을 빛내며
돌아갈 수 없는, 돌아가기엔 이미 늦은

침묵 속에 새들이 흩어지고
지상의 그림자들이 달아난다

표적과 함께 내 몸이 폭발하고
찢긴 쪼가리가 아이의 눈에, 다리에 박히리, 나도 피흘리리

임박한 포물선 끝에서
순간, 중력이 멈추기를……

용서받지 못하여 태양 아래 뜬 채
시뻘겋게 녹이 슨다 해도

고도를 만나다

자네들이 날 기다린다는 건 알고 있었어
열반의 인터넷과 요염한 상품들과
젊은 배우들에 히죽거리는 몰골로도
가끔 내 이름을 부르는 게 신통했지
난 자네들이 나무 아래서
허리끈으로 목을 매는 것을 지켜보고 있었네
말리지 않았어, 사실 하루 빨리
자네들이 내 곁으로 왔으면 하고 빌기까지 했네
오래 전부터 나는 여기 앉아
구두를 기다리고 있었지,
구두는 오늘도 오지 않는군
지루해 부서져나 볼까 하는 의자도
큼큼한 내 겉옷을 쪼아대는 파리 떼도
이젠 더 못 견디겠군, 마침 잘 왔네
아 자네들과 함께라면 좀 덜 심심하겠지?
자, 나와 함께 구두를 기다리세
그런데 혹시…… 뭐 먹을 것 좀 없나?

블라디미르, 부스럭 부스럭 주머니를 뒤져
먹다 남은 초코파이를 꺼내며 신음하듯

자네 말대로 피레네 산맥으로나 갈걸 그랬어
낙심한 에스트라공,
멍청한 놈, 내가 그렇게 졸랐건만, 이제 소용없어

아, 이 짓을 더는 못하겠어
아, 이 짓을 더는 못하겠어

크리스마스는 우울하다 하지 않겠네

<small>— 따라서 현재 죽은 후에도 살 수 있는 방법이 두 가지가 있는 것이다.
하나는 내세이며 다른 하나는 영화 속이다.*</small>

저녁의 나무들은 빛으로 염색하고 캐롤이 흐르고
연인들은 메리 크리스마스!
비 오고 천공이 난, 1920년대 단막극 같은
오늘의 날씨도 메리 크리스마스!

드문드문 풀장에 뜬
검은 공 같은 사람들 뒤통수가 아름다워

조각칼로 종기를 떼어내고
잘린 머리도 붕대만 감으면 살아나는**
벙어리 입들이 삼키는 말과 뱉는 침묵의
죽음의 익살에 낄낄거리다가 문득,

나는 이 별들의 창고 어디쯤 위치한 통점인지

오래전 죽은 배우들의
짙은 눈 화장과 붉은 입술이 처연해
죽은 후에도 살 수 있는 방법이 영화 속이라면
여기서 살까,
나의 내세는 스크린이면 좋겠네

어둠과의 사랑이 끝나면
각자의 표정으로 집으로 돌아가겠지만
크리스마스는 우울하다 하지 않겠네
지금은 코미디를 보고 있으니까

이쪽 전기를 고치면 저쪽 불이 들어오고
저쪽 전기를 고치면 이쪽 불이 들어오니까[***]

*독일의 채플린이라는 칼 발렌틴의 말에서
** '미장원의 미스테리'에서
*** '이상한 조명'에서

첫 아침
— 진생에게

눈을 떴을 때
까치와 거리 엔진 소음이 들려왔다
천천히
몸의 굴곡을 더듬어본다
부푼 젖, 그 아름다운 열매가
포실하게 안기고
유연하게 허리께로 미끄러지는 손
수줍은 물봉선을 건드린다

칼과 불의 사다리를 타고
죽음 끝
사과 씨앗을
항성 깊이 심어 넣은 지옥의 시간들

호르몬이 호르몬을
본질이 본질을 바꾸는 고통을
신조차 알 수 없었으리

거울의 젖을 훔쳐 먹고 연명하다가
모순의 입술에 담겨 운반된 그녀,

달라진 건 아무것도 없다
제 속에서 쪼그리고 울던 여자를
비로소 꺼내놓았을 뿐

초록과 먼지가 반복되는 세상
침대에서 불안한 아름다움 속으로
발끝을 세우고 내려오는
첫
아침,
첫
춤

채집과 얼룩
— 오노 요코 전(展)

천장회화

하얀 사다리가 중식되어가고 있다
풍문으로 정박한 별을 소환하기 위해
땅에 닿자 산산이 으깨어지는 별

미소상자

들여다 본 순간, 상자를 닫는다
미소는 채집되었다
스텐 뚜껑과 바닥의 맞거울이
미소를 무한 복제하고 있을 것이다
미소는 노련해질 것이다
상자 밖의 나는 점점 더 표정을 유보할 것이다

포장된 의자

칭칭 동여맨 뼈와 핏줄
검은 먼지가 움켜쥔 구멍들
앉지 마, 네가 앉은 순간 부서져버릴 거야

갈증이 물어뜯어 올이 풀린, 거즈로 감싼 불모의 토르소

자르기

스웨터 치마 브래지어 스타킹 팬티 머리카락 손톱 피부
심장……
잘라도 잘라도 나는 황인종, 여자, 황톳빛 얼, 룩,

하늘자판기

하늘자판기로 하늘을 샀다
뻐꾸기의 울음이 번져있는 유리창만큼
그것은 푸름으로 증류한 술,
한 모금으로도 무한히 팽창하는 도취

나는 그것을 조금 구입했고
하늘은 나를 조금 사면했다

8월 광장

자선음악회 현수막이 투명한 대전역 광장
기타 치며 노래하는 스님 앞에
새카만 거지 하나, 절을 하고 있다

일배
이배
삼배

이마로 아스팔트 바닥을 판다

태양의 거미줄
그 방사상의 중심에 포획된 그리마처럼
슬픈
피조물의
애닯은 부복

섬

주위로
무관심을 위장하며 느려지는 걸음들 물결

천근 몸을 들어 올려 스님께 읍(泣)하고
인파 속으로 사라지는
저 갈 곳 많은 다족류의 검은 발

506호

휘날리는 망사커튼
텅 빈 침대들

제가 속한 육체에
순종적으로 흘러내리는 피를 닦는 솜뭉치

거즈와 붕대
알약 병들

한쪽 문틈으로 가지런히
뼈와 살을 드나드는 강철 수술도구들

침상을 떠도는 포르말린 냄새의
가볍고도 독한 상징

이 제압할 수 없는 고요, 혹은
흰빛의 내장

나는
내 심장 고동소리를 듣는다

겹침

잎사귀가
수십 캐럿짜리 금강석을 받아들였다
휘청이는 초록,

물방울이
그물맥 융단을 몸속으로 펼쳐놓았다
대리석 단단한 섬광,

시간이 우리를 감싸 안았을 때 노래가 터져나왔다
화살에 적중한 과육처럼.

리본체조 선수

회전하는 손목에서 끄집어낸 뱀
번쩍이며
비단 나사가 돌아간다

    *

폭풍과 달
소나기와 햇빛
광란하는 별, 별, 별

    *

성(性)의 곡선과
혼(魂)의 직선
현기증이 건반을 두드린다

    *

뱀의 맨살
소녀의 맨손

우주 회오리의 한 부분

    *

나는
흐르는 불의 숭배자
모든 아름다움은 불 뒤에 숨는다

    *

높이 던졌다 후루루 거두어들이고
모가지를 밟고 선 그녀
늠름한, 찰나의 사육사

매향제

향나무를 묻는다
천지간 떠돈 물이 합수하는 꿈틀대는 갯벌에
오십육억 칠천만년의 시간을 믿듯

바다의 금은이 녹아들어
투명하게 쇠 지느러미 소리 울릴
천년의 타임캡슐
머리에 인 사람들 행렬
염불소리에 실려 끝없다

둥둥
바지 걷어붙인
뻘 묻은 종아리 사이 스멀거리는 파도

물기운
땅기운
스민
침수향

지상의 이삭

지상의 쇠붙이

그을음 모르는
태양의 입자가 녹아든 뻘의 검은 살점,
오묘한 향연(饗宴)으로 다스리라고
밀물 썰물 주술로 도취케 하라고

김제 만경 자지러지는 육자배기 이랑에
눈 빼앗기다 돌아보니
어느새 밀물에 덮여
매향의 자취 없다

저녁의 가등

하나 둘……
숨은 별의 풀무질이 시작된다
유리공(琉璃工)의 부르튼 입술들이 켜진다

[해설]

사실과 환상의 긴장, 향수 제조자의 시 쓰기

박현수(시인·문학평론가)

1. 두 겹의 세계, '지옥의 환인'

 강신애 시인은 이미 첫 시집 『서랍이 있는 두 겹의 방』(창비, 2002)을 통해 시적 능력을 충분히 보여주었다. 대중들에게 전면적으로 노출되지는 않았지만 시를 아는 사람들은 그녀의 시가 지닌 가치를 이해하고 있다. 사실 첫 번째 시집에서 보여준 감각과 인식의 깊이는 근래 다른 시인에게서 발견하기 힘든 것이었다.
 첫 시집에서 보여준 강신애 시인의 주소는 어디던가. 첫 시집 제목에 암시된 바, 지상과 환상으로 이루어져 있는 '두 겹의 방'이 바로 그곳이다. 그녀의 시적 비밀은 바로 여기에 있다. 그녀에게 두 겹의 방은 따로 존재하는 방이 아니라 서로 몸을 뒤섞고 있는, 서로 겹쳐 있는 하나의 방이다. 그녀는 이 중첩된 경계 지역에 서서 세계를 바라본다.

지상에 발 디디고 있으면서 동시에 환상에 몸을 담그고 있는 존재를 무엇이라 이름붙이면 좋을까. 그녀는 적절하게도 자신의 시에서 그를 '지옥의 환인(幻人)'(「지옥의 환인」)이라 부르고 있다. 비극적인 현실 속에서 환상을 통해 삶을 견뎌야 하는 지상의 존재. 그것은 바로 그녀 자신이 아니던가. 그녀가 자신을 두고 신의 향수라 당당하게 말할 수 있는 것도 이 두 겹의 세계를 동시에 사는 존재이기에 가능하다.

> 꽃에서 향기를 꺼내어
> 홀로 도취하는 향수 제조자처럼
> 신은 내 영혼을
> 과거의 병에 가두어 놓고
> 가만히 흔든다
>
> 나는
> 신조차도 탐낼 만한 과거를 가졌다
> ―「내 몸이 조금씩 흔들릴 때마다」 부분(첫 시집에서)

향수는 지상을 견디는 존재가 꿈꾸는 환상이다. 꽃에서 꺼낸 향수는 꽃의 몸에서 추출한 영혼이다. 향수는 물질적인 상태를 빠져나온 투명하고 향기로운 정신의 상태가 아닐 수 없다. 그러나 향수가 꽃의 차원과 완전히 분리되지 않는다는 점에서 꽃과 향수의 접점은 언제나 존재한다. 향수는 두 겹의 세계에 존재하는 시인의 존재 양상과 너무나 닮아 있다.

　그래서 시인이 자신의 영혼을 신의 향수에 비유하는 것은 놀라운 일이 아니다. '과거의 병'이라는 자신의 몸, 그 뚜껑을 열면 향수가 퍼진다. 그 향내를 누가 맡을 것인가. 그는 정신의 저 아득한 차원에 존재하는 신일 수밖에 없다. 지상에서 피어오르는 향기가 다다를 곳은 그곳이 아니면 어디겠는가. 향수는 신단수처럼 지상과 하늘을 연계하는 바람의 신비로운 끈이다. 그래서 시인은 향수를 신의 선물이라 하는 것이리라. 지상에 발을 디딘 존재가 피어 올리는 삶의 향기는 결국 신의 세계에 닿기 위한 향연이다. 자신의 향수를 신이 맡을 것이라는 자신감 혹은 오만감이 그녀의 시에 묻어난다. 그녀의 시에서 아름다움과 강렬함이 동시에 존재하는 것도, 그녀의 시에 정신성이 강하게 느껴지는 것도 이 때문일 것이다.

2. 시, '사실의 향기'

　강신애 시인은 물질적 존재들의 향기를 추출해내는 향수 제조자의 역할을 떠맡는다. 그녀의 시에서 물질적 차원의 구체성, 현실의 사실성은 촘촘한 언어의 그물 사이에 은밀하게 몸을 숨기고 있다. 구체적 사실들이라는 재료는 그 자체로 가치가 있지만 그녀는 그것만으로 만족하지 않는다. 꽃에서 향기를 추출하여 그 향기로 다시 꽃의 의미를 규정할 때 비로소 그 꽃이 가치 있는 존재가 될 수 있다는 판단이 그녀의 시 속에 깔려 있다. 이번 시집의 다음 작품을 보자.

> 이 붉은 살점은
> 치타처럼 나무를 오르고 낙타 젖을 빨던
> 작은 소녀의 은밀한 고동
>
> 이동하는 모래 언덕의 밤을 위하여
> 스테이크처럼 썰리고
> 두 다리 사이
> 피의 지퍼를 채운
> 사막의 사리 같은 아이의 영혼이
> 흰 시트 모래 속 선혈로 스민다
>
> 황금장미는 짓이겨졌다
> 상처 틈으로 마른 절규가 끊임없이 채워진다
> ―「묶인 다리」 부분

이 작품은 얼핏 보면 구체적으로 무엇을 의미하는지 잘 알 수 없다. 선명하게 드러난 구체적 사실이 없기 때문이다. 사실적 상황을 드러내는 직접적인 어휘는 사라지고 없다. 그래서 이 시는 난해하게 보인다. 그러나 시를 꼼꼼하게 짚어가며 시적 구도 속에서 그 배경을 인지하는 순간, 구체적 사실은 너무나 명백하게 시 속에 단단하게 자리 잡고 있는 것이 아닌가!

이 작품은 아프리카 일부에서 행해지는 잔인한 여성 할례의 풍습을 다룬 작품이다. 아프리카에서는 여성들의 성적 욕망을 억제, 아니 삭제하기 위해 10세가량의 소녀를 대상으로 여성의 성기를 훼손시키는 의식을 벌인다. 마취하지 않은 상태에서 할례가 행해지고, 할례가 끝나면 음문을 꿰매고 상처가 다 아물 때까지 다리를 묶어 둔다.

이 시의 처음에 등장하는 '붉은 살점'은 할례에서 떼어낸 소녀의 음핵이다. '황금장미'는 성기를 의미한다. '피의 지퍼'는 음핵과 음순을 긁어낸 뒤 음문을 꿰맨 상태를 나타낸다. 이것은 미래의 신랑을 위해 봉쇄해둔 것이다. 시 후반부의 "죄를 봉합하듯 아랫도리를 묶는다"는 표현은 할례를 모두 끝내고 상처가 아물 때까지 다리를 묶어 놓은 상태를 말한다. "죄를 봉합"한다는 것은 할례를 바라보는 시인의 시선을 내포하고 있다. 할례를 마무리하는 행위는 죄를 봉합하는 행위가 되어, 할례의 죄악성이 드러나는 것이다.

이 시가 중요한 것은 작품 자체의 미적 성취 때문이기도 하지만 그보다 그녀의 시적 방법론이 여기에 담겨 있기 때문이다. 이 작품에는 구체적인 사실, 즉 할례에 대한 직접적이고도 사실적인 표현이 없다. 사실을 직접적으로 드러내지 않으면서 독자의 인내심을 요구하며 시적 긴장을 유지한다. 이런 것은 다른 시에서도 반복된다. 영화나 그림 등에 대한 선이해를 필요로 하는 여러 작품들이 그렇다. 더 간단한 예는 「유골 다이아몬드」에서 찾을 수 있다.

> 한 줌 재가
> 삼천 도의 열과
> 넉 달 간의 압력만으로
> 이리 단단할 수는 없습니다
>
> 살아
> 당신을 향한 몽상으로
> 피를 몰아가지 않았던들
> 이리 빛날 수는 없습니다
>
> 무너진 빌딩 위로 날려 보낸
> 청춘의 희, 푸른 새 떼들
>
> ―「유골 다이아몬드」 부분

한 줌의 재가 단단하고 빛이 난다는 의미는 무엇일까. 일반적으로 재라는 것은 불타고 남은 회색 가루로서 그 자체로서 단단하고 빛날 수는 없다. 이 작품 역시 '유골 다이아몬드'라는 구체적인 사실을 생략하고 시로 건너뛰고 있기 때문에 명쾌한 이해는 독자의 성실성에 맡겨져 있다. '유골 다이아몬드'는 사람을 화장하고 남은 한 줌의 재로 다이아몬드를 만드는 사업으로서, 현재 미국과 유럽에 확산되고 있는 유행 산업 제품을 말한다. 화장하고 남은 유골의 재를 고온과 고압력 상태에서 다이아몬드로 만드는 것이다. 시는 이 사실을 바탕으로 삼아, 유골 가루로 만든 다이아몬드가 단단하고도 빛나는 이유를 시적으로 해명하고 있다. '당신'을 향한 그리움의 강도, 청춘을 바친 열정이 있었기 때문에 유골가루는 비로소 "무명지/전율의 모퉁이"에서 "찬란한 사리알"로 매순간 깨어난다는 것이다.

이와 같이 강신애 시인의 시에서 구체적 사실이 사라져버리는 이유는 무엇일까. 그것은 '사실'이란 것이 누구에게나 공개되어 있어 창조성이 결핍된 공공재이기 때문이다. 인터넷으로 검색을 하면 '사실'은 대부분 확인된다. 누구에게나 열려 있는 것이기에 그것을 굳이 시 속에서 언어로 밝힐 필요가 없다. 이것은 강신애 시인이 친절한 사람이 아니라서가 아니다. 이것은 그녀의 시의 존재 방식과 관련된 문제이다. 즉 시는 사실이 아니라 '사실의 향기'여야 하기 때문이다. 그녀의 시가 설명적이거나 산문적인 차원으로 떨어지는 경우가 거의 없는 것도 이 때문이다.

또 한 가지. 강신애 시인의 시에서 구체적 사실이 사라져버리는 이유는 그것이 고통스러운 현실이기 때문이다. 그의 시에 나오는 현실은 「악몽」에서처럼 견디기 힘든 상황에 처한 존재들이거나, 「묶인 다리」의 소녀, 「첫 아침」의 성전환 수술을 받은 '진생', 그리고 불구의 곡예사(「외발 곡예사」) 등이다. 이런 고통스러운 현실을 시인은 생경한 상태 그대로 드러내려 하지 않는다. '고통은 이 지상에서 사라져야 한다'는 생각이 그녀의 모토이기 때문이리라. 그럴 때 그의 시에서 구체적 사실은 배경으로 밀려난다. 사실이 '사실의 향기'가 될 때, 그 사실이 고통스러운 것일 때, 바로 이때 환상이 탄생한다.

3. 시, '숲의 퍼즐'

현실과 환상의 중첩지대에 놓인 시인은 구체적 사실을 환상의 눈으로 재편한다. 이것은 너무나 식상한 현실을 생생하게 살아나게 하는 방법이자 고통스러운 현실을 견디는 방법이다. 강신애 시인에게 포착되는 순간, 어떠한 평이한 사실이나 대상도 환상의 감각으로 빛나게 된다. 마치 잿빛의 유골가루가 빛나는 다이아몬드로 태어나는 것과 같다. 그녀의 시는 결국 '유골 다이아몬드'가 아닐까.

환상의 눈으로 재편된 사실을 추적해나가는 재미는 그녀의 시를 읽는 재미 중의 하나이다. '유골 다이아몬드'에서 잿빛의 유골가루라는 원재료를 찾아가는 재미가 그것이다. 위험을 감수하며 다음 시에서 구체적 사실을 추적해보자.

> 짐승의 발자국만 찾아다니는 사냥꾼처럼
> 나는 숲을 추적한다
> 미로와 덫이 전부인 숲은

좀체 모습을 드러내지 않는다
눈 희끗한 새벽
어지러운 짐승 발자국 속에 섞인, 숲의
그 야수의 눈빛과 맞부딪쳤다
침묵이 고통스레 녹아 있는 두 눈이 나를 바라보더니
곧바로 등 돌리고 다른 길로 뛰어갔다
종횡무진 뻗어 나간 발자국의 횡포……
하나의 발자국을 찾으면 그 끝이
여우나 고라니의 발자국과 이어졌다

(…중략…)

울림의 끝이 천천히 닫히고
나는 나뭇가지들의 터널 속을 헤엄친다

― 「숲의 퍼즐」 부분

  시인은 숲을 추적하는 존재로 설정되어 있다. 숲은 "미로와 덫이 전부"인 불가해한 존재이다. 의인화된 이 숲을 찾아나선 시인이 우연히 숲의 눈빛과 마주쳤지만 숲은 "곧바로 등 돌리고 다른 길로 뛰어"가 버렸다. 그 발자국을 찾아 쫓아가지만 발자국은 다른 발자국으로 이어져 결국 숲을 놓쳐 버린다. 그때 멀리서 숲이 웃는 소리를 듣는다. 시인은 그 소리의 울림이 끝나면서 "나뭇가지들의 터널 속을 헤엄친다."

  이 시의 구체적인 사실은 무엇일까. 우리는 그 사실을

설정하지 않으면, 그것이 비록 독자의 허구에 불과할지라도, 시를 읽었다는 경험을 보증 받지 못하여 불안하게 된다. 그래서 구체적 사실의 설정은 시적 독서의 중요한 행위가 된다. 나는 이 시의 구체적 사실은 숲 속에서 길을 잃어버린 경험이 아닐까 생각한다.

　시인은 어느 숲에 들어가 길을 잃어버린다. 그래서 빠져나가는 길을 찾는 행위는, 숲을 전체적으로 조망하여 자신의 위치와 방향을 파악하는 일이 될 것이다. 시인은 이것을 "숲을 추적한다"는 말로 표현하고 있다. 그래서 어느 정도 길을 파악하게 된 것을 "그 야수의 눈빛과 맞부딪쳤다"고 표현하였다. 숲을 '야수'로 표현한 것은, 길 잃은 숲이 사람들에게 그토록 위협적이기 때문이다. 그러나 길을 파악하였다는 생각은, 우리가 흔히 숲에서 경험하듯, 시인의 착각이었다. 그래서 숲이 "곧바로 등 돌리고 다른 길로 뛰어갔다"고 한 것이다.

　여기에서 구체적 사실은 '숲에서 길을 잃은 경험'이다. 그 사실은 환상으로 처리되어 있다. 숲을 하나의 살아있는 존재로 설정한 것에서 알 수 있다. 그리고 그 환상에서 깨어나는 순간 "나뭇가지들의 터널 속을 헤엄"치고 있는 자신, 즉 숲에서 길을 잃은 자신을 발견하는 것이다. 이처럼 숲에서 길을 잃은 경험을 시인은 사실적으로 전달하지 않는다. 그것은 누구나 가지고 있는 공공재적 경험이기 때문이다. 그것은 잿빛이다. 그것을 금강석처럼 빛나는 존재로 만드는 방법은 거기에 시적 열도와 압력을 가하는 것이다.

강신애 시인의 시를 읽는 것은 미로와 덫이 많은 숲의 퍼즐을 풀어나가는 즐거움을 얻는 행위가 된다. 그러나 그녀의 시적 문법에 익숙하지 않은 사람은 당황할 것이다. 마치 숲에서 길을 잃은 사람처럼 독자들은 시구절의 터널 속을 헤엄칠 수 있다. 그러나 독자가 "짐승의 발자국을 찾아다니는 사냥꾼"이 되어서는 안 되는 것인가. 시가 너무 흔해진 이 시대에 그녀의 시가 베스트셀러가 되는 것을 꿈꾸는 것은 나만의 환상일 뿐일 것인가.

4. 환상의 질료로서의 구체성

강신애 시인의 이번 시집에는 이런 부담감을 고려하여 구체성이 강하게 드러난 시들이 앞쪽에 배치되어 있다. 그러나 그 구체성은 다른 시인의 구체성과 다르다. 앞에서 이미 말했듯이 다른 시인들이 보통 사실을 설명하는 데 그치는 데 비하여, 그녀는 사실을 향기로 만들기 때문이다. 그럼에도 구체성이 많이 드러난 시는 읽기에 편하다. 아마 독자들은 이런 시들에 많이 공감할 것이다. 「치파야족의 새잡기」 「황금시대」 「소」 「암호를 잊어버렸다」 「말」 같은 작품이 그것이다. 그 중 「치파야족의 새잡기」는 그의 가장 아름다운 작품 중의 하나가 아닐까 한다.

> 치파야족은 잉카의 후예, 수천 년
> 양 끝에 돌을 매단 줄 하나로 새를 사냥한다

구름이 서리로 얼어붙는 안데스의 호숫가

숨죽여, 자세를 낮추고
새떼가 가장 낮게 나는 순간을 노려
단번에 줄을 던진다

줄은 매번 땅바닥에 풀썩, 떨어진다

던지고 줍고 던지고……
저 허름한, 가없는 하늘의 별따기

한 순간,

팽팽히 회전하며 날아간 줄이
휘휘
새의 몸을 옭아매 지상으로 끄집어내린다

달려들어 멱통이 끊어진 별에서
한 움큼씩 빛을 뜯어낸다, 배를 가르고 헤쳐 보면
태양과 맞먹은 산봉우리들이 끌려나온다

고원의 노을빛 붉은 내장이 끓는 시간,
검게 언 궁기 뜨겁게 움켜쥔 저 하늘 사냥꾼들
      —「치파야족의 새잡기」 전문

전문을 인용하게 하는 강렬한 유혹을 느끼게 하는 작품이다. 잉카의 후예인 치파야족이 새를 잡는 방법은 양 끝에 돌을 매단 줄 하나다. 회전을 하며 날아가는 이 도구가 새의 몸에 감길 때 사냥이 성공한다. 하지만 새가 나는 속도에 비해 두 개의 돌이 날아가는 속도가 그리 빠른 것이 아니라는 점을 고려할 때, 이 사냥법은 승률이 무척이나 낮은 게임이 아닐 수 없다. 시인은 수없는 실패를 거듭하는 치파야족의 새잡기를 구체적으로 묘사하며 삶의 비루함과 고결함을 생각하게 한다.

이 작품에서 가장 빛나는 부분은 어딜까. 사람마다 다를 수 있겠지만, 많이 양보한다 하더라도 이 작품의 초점이 새잡기를 묘사하는 부분이라 할 수는 없을 것이다. 물론 새잡기의 구체적 묘사는 이 작품을 다소 생생하게 만들긴 하지만 독자의 뇌리에 강한 인상을 남기지는 못 한다. 가장 강렬한 인상을 남기는 부분은 다음 연이 아닐까.

> 달려들어 먹통이 끊어진 별에서
> 한 움큼씩 빛을 뜯어낸다, 배를 가르고 헤쳐 보면
> 태양과 맞먹은 산봉우리들이 끌려나온다

새를 잡는 행위는 지상의 굶주림을 벗어나기 위한 행위이다. 지상의 구차스러움이 여기에서 묻어난다. 그러나 먹이를 하늘에서 구하는 이 행위를 시인이 그냥 지나칠 리가 없다. 시인에게 그것은 단순한 먹이 사냥이 아니라

지상에 발을 디딘 존재가 하늘에 닿기 위한 안간힘으로 보인다. 그래서 시인은 수많은 실패를 거듭하는 새잡기를 "하늘의 별따기"라고 부른다. 위의 빛나는 구절은 이런 비유를 이어받는다. 새는 "멱통이 끊어진 별"이다. 그래서 치파야족이 새를 잡아 한 움큼 뜯어내는 것은 '빛'이며, 새의 배를 갈아 꺼내는 것은 태양과 맞먹을 정도의 높은 산봉우리가 아닐 수 없다. 순간 궁기를 면하려 애쓰는 지상의 조그만 인간들은 태양을 숭상하며 빛을 해부하는 숭고한 잉카의 성자가 된다.

앞부분의 구체적 묘사는 이 빛나는 부분을 위해 준비되었다. 사실적인 묘사는 바다로 향해 모여든 수많은 강줄기처럼 위의 빛나는 구절을 향해 모여든 것이다. 이 부분은 단순한 구체적 사실들이 잿빛 사실성을 넘어서서 금강석과 같은 환상으로 도약하는 부분이다. 바로 이 부분이 강신애 시인의 시적 특질이 밝게 드러나는 부분이다. 지상의 사건이 환상으로 도약하며 우주적 사건으로 확대되는 것이다. 이때 구체성은 환상의 질료로서만 의미를 지닌다.

지상적 사건으로부터 우주적 사건으로, 구체적 사실로부터 환상으로 도약하는 강신애 시의 특성은 다른 작품에서도 자주 나타난다. 시적으로 가장 잘 표현된 경우는 「말」이 아닐까 한다.

> 하얗게 삭아 부스러지는 바다 속
> 어디서 왔는지

흰 말이 나타났다
운명의 꼬리뼈처럼
붉고 푸른 네온을 두른 수레에
카우보이모자 쓴 작은 사내를 태우고
행락객도 뜸한 계절, 상인들은
텅 빈 백사장의 적막을 깨듯 펑펑 폭죽을 터뜨렸다
슬픔과 괴로움의 그을음을 경쟁적으로 날려보내며
허공 높이 사라지는 환영들

손님을 태워
해변을 한 바퀴 도는 것이 말의 직업
몇 사람이 신비한 듯 말 주위로 모이고
절뚝거리는, 사시(斜視)인 마부는
빨간 대야에 물을 붓고
말에게 물을 먹였다

—「말」 부분

여기에서 말은 해수욕장에서 가끔 볼 수 있는, 관광객을 실어 나르는 관광 상품의 하나이다. 이미 거리에서 말을 볼 수 없게 된 우리 시대에, 말은 관광을 위해 불려 와서 시대착오적인 풍경을 연출하는 소도구가 되었다. 자본주의 시대 관광 상품의 일부로 존재하는 것이 우리 시대 말의 운명이다. 네온 장식을 한 마차에 카우보이 흉내를 내는 마부가 말을 모는 풍경은 어설프기만 하다. 시 후반부에 나오듯, 관광지의 말은 언제 나타날지 모르는 관광

객을 위해 여물 먹을 시간도 반납해야 한다. 그래서 여물을 담은 마스크를 쓰고 먹이를 먹다가 손님이 나타나면 매몰차게 벗어버려야 한다. 여기까지가 사실이다.

강신애 시인은 이 사실에서 멈추지 않는다. 시인은 이런 시대착오적인 가련한 존재에 대한 따뜻한 시선을 놓지 않고 그것을 환상 속으로 끌어들여 그 아름다운 본질을 우리에게 알려준다. 그녀에게 이 비루한 현실의 초라하기 짝이 없는 말의 내면은 아름답다. 말은 "하얗게 삭아 부스러지는 바다 속/어디서" 온 환상적인 동물이다. 그리고 이 말의 근원적 고향은 비루한 지상 어느 곳이 아니다. "흐려진 행궁(行宮)의 기억을 묻듯/높이 들린 말의 머리"라는 표현에서 시인은 말이 온 곳이 밤하늘 어느 별자리임을 암시한다. 시인은 아마도 페가수스자리를 짐작하고 있나 보다. 관광지의 말은 이제 우주적 차원으로 상승하여 현실의 비루함을 씻어버리고 별빛 찬란한 신화적 말이 된다.

지상적 사건의 환상적 전도는 다른 작품에서도 반복된다. 「암호를 잊어버렸다」는 암호를 걸어둔 일기 파일을 열지 못한 구체적 사실로부터 출발한다. 그것은 모니터의 검은 화면으로 나타난다. 그러나 그 화면은 시인의 낙담을 반영하여 캄캄한 어둠으로 화하였다. 시인은 그것을 "수백 개의 태양이 져버린 화면"이라 부른다. 화면이 우주적인 어둠으로 화한 것은 아마도 그 사이에 사랑이 개입되었기 때문일 것이다. 이 사랑은 치파야족의 새잡기처럼 일상적인 행위를 우주적 차원으로 올려놓는다. 구체적 사실성이 찬란한 환상으로 도약하는 작품은 「만년필 교환하기」 「소」 등에서도 발견된다. 만년필은 흰 산이 되고, 소와 말은 안개나 바다 속에서 태어나 현실 속에서 환상처럼 서성이는 것이다.

5. 치파야족의 후예

강신애 시인의 이번 시집은 첫 시집과 일부분은 연계되어 있지만 일부분은 첫 시집보다 더 나아가고 있다. 연계되어 있는 것은 '지옥의 환인'으로 현실과 환상의 중첩지대에 시적 기반을 구축하고 있다는 점이다. 그러나 더 나아가고 있는 점은 환상 쪽으로 발을 더 깊이 들여 놓고 있다는 사실이다. 그래서 첫 시집에 자주 등장하는 일상적, 신변잡기적 소재들이 눈에 띄게 줄어들었다. 또 그런 소재를 다룬다고 하더라도 현실을 환상 쪽으로 더 끌어올린다. 가령 「만년필 교환하기」 같은 작품에서 시인은 이 작품의 바탕에 놓여있다고 판단되는 만년필을 교환한 사실에 오래 머물지 않는다. '당신'이나 당신이 준 '만년필'에서 어쩌면 빨리 벗어나려는 사람처럼 '몽블랑'이라는 제품 이름으로 들어가 그 산에 사실성을 떠넘겨 버린다. 물론 그 산의 형상에 '당신'의 모습이 얼핏 비치기도 하지만 그 모습은 알아볼 수 있을 정도의 선명도를 지니지는 않는다.

강신애 시인의 시는 이제 새로운 변모를 앞에 두고 있

는 듯하다. 사실과 환상의 사이에서 어느 쪽으로 몸을 더 기울일 것인가가 핵심이 될 것이다. 그러나 타고난 지적 제어는 그를 그 어느 쪽으로 과도하게 몰입하는 것을 허용하지 않을 것이다. 그러나 구체적 사실에 대한 제어는 지속될 것이다. 그녀의 시를 읽는 이는 그의 시가 환상 쪽으로 어떤 궤도를 따라 움직일지 궁금해 할 것이다. 그러나 성공적인 길은 「치파야족의 새잡기」의 방향이 아닐까 생각해본다. 그 길은 그녀의 시가 금강석처럼 단단해지면서 속이 어느 정도 보이는 투명함을 지닐 때일 것이다. 그렇다면 강신애 시인은 치파야족의 후예가 아닐 것인가. 비루한 현실로 추락한 새의 내장으로부터 별을 한 움큼 꺼내는.